CELEBRANDO NUESTRAS COMUNIDADES

CELEBRANDO TODAS LAS PERSONALIDADES

POR ABBY COLICH

BLUE OWL
EN ESPAÑOL

TIPS PARA LOS MAESTROS Y LOS PADRES DE FAMILIA

El aprendizaje social y emocional (SEL, por sus siglas en inglés) les ayuda a los niños a manejar sus emociones, aprender cómo sentir empatía, crear y lograr metas, y tomar buenas decisiones. Las lecciones y el firme apoyo en SEL ayudarán a que los niños establezcan hábitos positivos en la comunicación, cooperación y en la toma de decisiones. Mediante la incorporación de SEL en la lectura temprana, los niños aprenderán la importancia de aceptar y celebrar a todas las personas en sus comunidades.

ANTES DE LA LECTURA

Hable con los lectores acerca de las personalidades. Explíqueles que la personalidad tiene que ver con la forma en que alguien se comporta y actúa. Deles ejemplos de los distintos rasgos de personalidad.

Analicen: ¿Cómo describirías tu personalidad? ¿Cómo describirías la personalidad de tus amigos y la personalidad de tus miembros familiares? ¿En qué se parecen y en qué son diferentes?

DESPUÉS DE LA LECTURA

Hable con los lectores acerca de las formas en que ellos pueden celebrar lo que los distingue de los demás.

Analicen: ¿Cuál es una de las maneras en que puedes aceptar la personalidad de otra persona? ¿Por qué deberíamos aceptar a los demás? ¿Por qué es bueno para una comunidad que celebre a toda la gente?

LA META SEL

Los niños pueden tener una comprensión floja de la aceptación y de las diferentes personalidades. Divida a los estudiantes en pares, agrupando a los estudiantes que tienen personalidades aparentemente diferentes. Formule preguntas para que ellos se las hagan entre sí. Hable con los lectores acerca de la importancia de la empatía en el proceso de aceptación y celebración de las diferencias que existen en los demás. Explique que nuestras comunidades son mejores cuando todos son aceptados e incluidos.

TABLA DE CONTENIDO

CAPÍTULO 1
¿Qué es la personalidad? 4

CAPÍTULO 2
Acepta y respeta 8

CAPÍTULO 3
¡Se tú! 18

METAS Y HERRAMIENTAS
Crece con las metas 22
Reflexión escrita 22
Glosario 23
Para aprender más 23
Índice 24

CAPÍTULO 1

¿QUÉ ES LA PERSONALIDAD?

¿Dice la gente de ti que eres una persona amistosa? ¿Eres una persona valiente y curiosa? Estos son **rasgos de personalidad**. Los rasgos componen tu **personalidad**. La personalidad es el modo en que una persona piensa, siente y **se comporta**.

Tu **comunidad** está llena de gente con diferentes personalidades. Algunas personas son extrovertidas. Otras son calladas. Algunas personas son serias. Otras bromean mucho. Las diferentes personalidades pueden funcionar bien juntas para lograr grandes cosas.

La clase de Daniel está teniendo una venta de postres. Daniel es creativo. Él hace los anuncios para la venta. Lana y Roy son activos y trabajadores. Hornean los postres. Eva es **organizada**. Ella habla con los maestros. Averigua cuándo y dónde tener la venta de postres. ¡Todos trabajan juntos para recolectar dinero para la excursión de la clase!

MUCHOS RASGOS DE PERSONALIDAD

Cada persona que conoces tiene muchos rasgos de personalidad. Tú puedes ser muy chistoso o chistosa y amable a la vez. O quizá eres leal y actúas con justicia. ¿Sabes cuáles son tus rasgos de personalidad? Si no lo sabes con seguridad, ¡pregúntales a tus amigos cercanos y a tu familia! ¿Compartes algunos rasgos con estas personas?

¡VENTA DE POSTRES!!

CAPÍTULO 2

ACEPTA Y RESPETA

¿Tienen tú y tu mejor amigo o amiga personalidades similares? Puede ser fácil entenderse con las personas que son como tú. ¡Tal vez su personalidad sea distinta! A veces, las personalidades diferentes **se complementan**.

En algunas ocasiones, puede costar mucho llevarse bien. Ben es muy ruidoso. Linn es muy callada. Pero ellos se respetan. ¡Esto es lo que hace que las comunidades funcionen! Además, se siente bien aceptar a los demás y que te acepten.

Tener **empatía** nos ayuda a entender, aceptar y respetar a los demás. Melissa está nerviosa. ¿Por qué? Ella tiene que dar una presentación en su salón de clases. Emma le pregunta cómo se siente. Ella escucha a Melissa. Emma recuerda una vez en que ella se sintió de la misma forma. Le dice a Melissa que la entiende.

QUÉ DECIR

Otra forma de demostrar empatía es al **estimular** a alguien. Emma le dice a Melissa: "¡Tú puedes lograrlo!". Le recuerda a Melissa lo inteligente que es. Le dice que tiene muchas ganas de escuchar su presentación. ¡Ella está segura de que le irá muy bien!

Aunque no entiendas a alguien, demuestra respeto. Dani es muy tímido. Micael no entiende por qué él no quiere jugar al fútbol. Pero Micael no se burla de Dani ni se enoja. En lugar de eso, le dice a Dani que puede jugar más tarde si lo desea.

Podemos llevarnos bien con los demás cuando **hacemos concesiones**. Hay un proyecto de grupo en la escuela. Todos tienen diferentes ideas. Se escuchan entre sí. Juntos, todos en el grupo deciden cuál idea probar primero.

Conoce mejor a alguien que no sea como tú. Averigua lo que ustedes tienen en común. Puede que encuentres que ustedes comparten algunos rasgos de personalidad, pero no otros. O puede que se parezcan más de lo que se imaginan. Otros notarán tu comportamiento amistoso y puede que quieran imitarte.

LLEVARSE BIEN

No necesitas ser amigo o amiga de todos. Algunas personas son muy distintas de otras. Pero pueden respetarse de cualquier manera y ser amables entre sí. ¿Qué puedes hacer para llevarte bien con las personas que no son como tú?

CAPÍTULO 3

¡SE TÚ!

¡Se tú! Ten tu propia personalidad. Haz una lista de tus rasgos de personalidad. ¿Hay alguno que quieras añadir? Tal vez tu amiga siempre está alegre. Te sientes bien cuando estás con ella. ¡Tú también puedes esforzarte por ser más alegre!

¿Tienes rasgos de personalidad que desearías cambiar? ESTÁ BIEN. La gente cambia cuando va creciendo. Concéntrate en lo que te gusta de tu manera de ser. Aceptarte te ayudará a aceptar a los demás.

VOLUNTEER
VOLUNTEER

Todos tienen su propia personalidad. Todos son únicos. Cuando aprendemos a aceptar y respetar a los demás, podemos trabajar bien con ellos. Entonces, podemos lograr mucho. ¿Qué puede lograr tu comunidad cuando la gente trabaja junta?

METAS Y HERRAMIENTAS

CRECE CON LAS METAS

Aceptar a todas las personas, sin importar los rasgos de personalidad, es importante. Enfocarse en las cualidades positivas de las personas te ayudará a aceptarlas más.

Meta: Nombra la mayor cantidad de rasgos de personalidad positivos que puedas. ¿Puede la gente tener más de uno? ¿Por qué es importante identificar y entender los rasgos de personalidad?

Meta: Piensa en una ocasión en que demostraste empatía. Si no se te ocurre nada, trata de encontrar un momento para practicar esto. ¿Ves a alguien tímido? Pregúntale cómo se está sintiendo y por qué.

Meta: Conoce mejor a alguien con quien no hayas hablado mucho en el pasado. Trata de encontrar algo que ustedes tengan en común o que a los dos les guste.

REFLEXIÓN ESCRITA

Aceptarte puede ayudar a que aceptes más a quienes te rodean.

1. ¿Cuál es una de las cosas que te gustan de tu personalidad?
2. ¿Cuál es una de las cosas de tu personalidad que desearías poder cambiar?
3. ¿Cuál es una de las cosas que puedes hacer para aceptar más a los demás?

GLOSARIO

comunidad
Un grupo de personas que tienen todas algo en común.

empatía
La habilidad para entender y ser sensible a los pensamientos y sentimientos de los demás.

estimular
Darle confianza a alguien, por lo general, a través de halagos y apoyo.

hacemos concesiones
Cuando estamos de acuerdo en aceptar algo que no es completamente lo que queríamos para satisfacer algunos de los requisitos de la otra gente.

organizada
Una persona preparada para dirigir un evento o una actividad o arreglar las partes de algo en un orden o estructura particulares.

personalidad
Todas las cualidades o rasgos que hacen que una persona sea diferente de otra.

rasgos de personalidad
Cualidades o características que hacen que las personas sean diferentes unas de otras.

se complementan
Se completan o se mejoran.

se comporta
Actúa de una manera particular.

PARA APRENDER MÁS

FACT SURFER

Aprender más es tan fácil como contar de 1 a 3.

1. Visita www.factsurfer.com
2. Escribe "**celebrandotodaslaspersonalidades**" en la caja de búsqueda.
3. Elige tu libro para ver una lista de sitios web.

ÍNDICE

aceptar 9, 10, 19, 21
amigos 6, 8, 17, 18
comunidad 5, 9, 21
creciendo 19
empatía 10
entiende 10, 13
escucha 10, 14
escuela 14
estimular 10
familia 6
habla 6
hacemos concesiones 14
organizada 6
personalidad 4, 5, 8, 17, 18, 19, 21
rasgos de personalidad 4, 6, 17, 18, 19
se complementan 8
se comporta 4
se respetan 9, 10, 13, 17, 21

Blue Owl Books are published by Jump!, 5357 Penn Avenue South, Minneapolis, MN 55419, www.jumplibrary.com

Library of Congress Cataloging-in-Publication Data

Names: Colich, Abby, author.
Title: Celebrando todas las personalidades / por Abby Colich.
Other titles: Celebrating all personalities. Spanish
Description: Minneapolis: Jump!, Inc., [2021]
Series: Celebrando nuestras comunidades
Includes index. | Audience: Grades 2–3
Identifiers: LCCN 2020023926 (print)
LCCN 2020023927 (ebook)
ISBN 9781645276791 (hardcover)
ISBN 9781645276807 (paperback)
ISBN 9781645276814 (ebook)
Subjects: LCSH: Personality–Juvenile literature. | Empathy–Juvenile literature.
Classification: LCC BF698 .C56518 2021 (print) | LCC BF698 (ebook) | DDC 155.2/2–dc23

Editor: Jenna Gleisner
Designer: Michelle Sonnek
Translator: Annette Granat

Photo Credits: JohnnyGreig/iStock, cover (left); PeopleImages/iStock, cover (right); gradyreese/iStock, 1 (left); AJP/Shutterstock, 1 (right); In Green/Shutterstock, 3; martinedoucet/iStock, 4 (left); Gelpi/Shutterstock, 4 (right), 18; Inside Creative House/Shutterstock, 5; Monkey Business Images/Shutterstock, 6–7; Darrin Henry/Shutterstock, 8; FatCamera/iStock, 9; Motortion Films/Shutterstock, 10–11; xujun/Shutterstock, 12–13 (background); Brocreative/Shutterstock, 12–13 (foreground); SDI Productions/iStock, 14–15; fstop123/iStock, 16–17; cheapbooks/Shutterstock, 19; Tetra Images, LLC/Alamy, 20–21.

Printed in the United States of America at Corporate Graphics in North Mankato, Minnesota.